Impressum
Verlag: BABADADA GmbH, Nedderfeld 112 , 22529 Hamburg
Geschäftsführer / Verlagsleitung: Harald Hof
Druck: Books on Demand GmbH, In de Tarpen 42, 22848 Norderstedt

Imprint
Publisher: BABADADA GmbH, Nedderfeld 112 , 22529 Hamburg, Germany
Managing Director / Publishing direction: Harald Hof
Print: Books on Demand GmbH, In de Tarpen 42, 22848 Norderstedt, Germany

Šola
escola

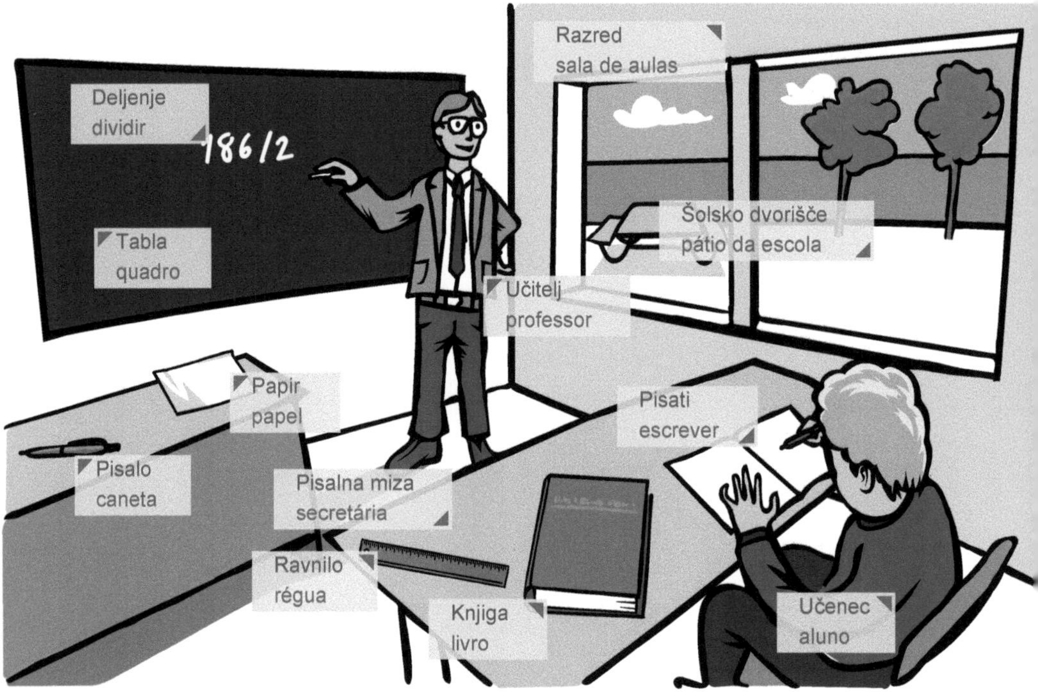
Razred
sala de aulas
Deljenje
dividir
186/2
Tabla
quadro
Šolsko dvorišče
pátio da escola
Učitelj
professor
Papir
papel
Pisati
escrever
Pisalo
caneta
Pisalna miza
secretária
Ravnilo
régua
Knjiga
livro
Učenec
aluno

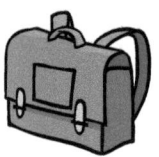

Šolska torba

mochila

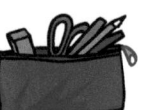

Peresnica

estojo de lápis

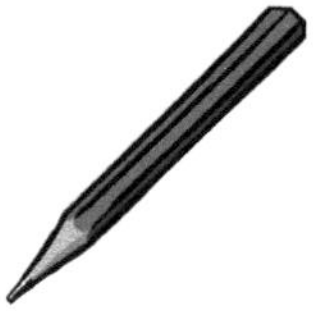

Svinčnik

lápis

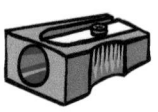

Šilček

afia-lápis

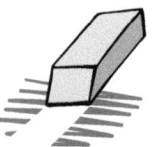

Radirka

borracha

Risalni blok

bloco de desenho

Risba

desenho

Čopič

pincel

Vodene barvice

caixa de tintas

Škarje

tesoura

Lepilo

cola

Zvezek

livro de exercícios

Domača naloga

trabalhos de casa

Število

número

Seštevanje

somar

Odštevanje

subtrair

Množenje

multiplicar

Računanje

calcular

Črka

letra

Abeceda

alfabeto

Beseda

palavra

Besedilo

texto

Brati

ler

Kreda

giz

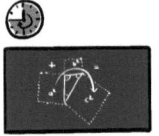

Učna ura

hora

Redovalnica

registo de presenças

Preizkus znanja

exame

Spričevalo

certificado

Šolska uniforma

uniforme escolar

Izobrazba

educação

Enciklopedija

enciclopédia

Univerza

universidade

Mikroskop

microscópio

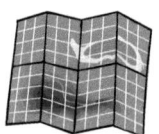

Zemljevid

mapa

Koš za smeti

cesto de lixo

Potovanje
viagem

Grand
Hotel
hotel
Hostel
hostel
ROOMS
EXCHANGE
Menjalnica
casa de câmbio
Kovček
mala
Avtomobil
carro

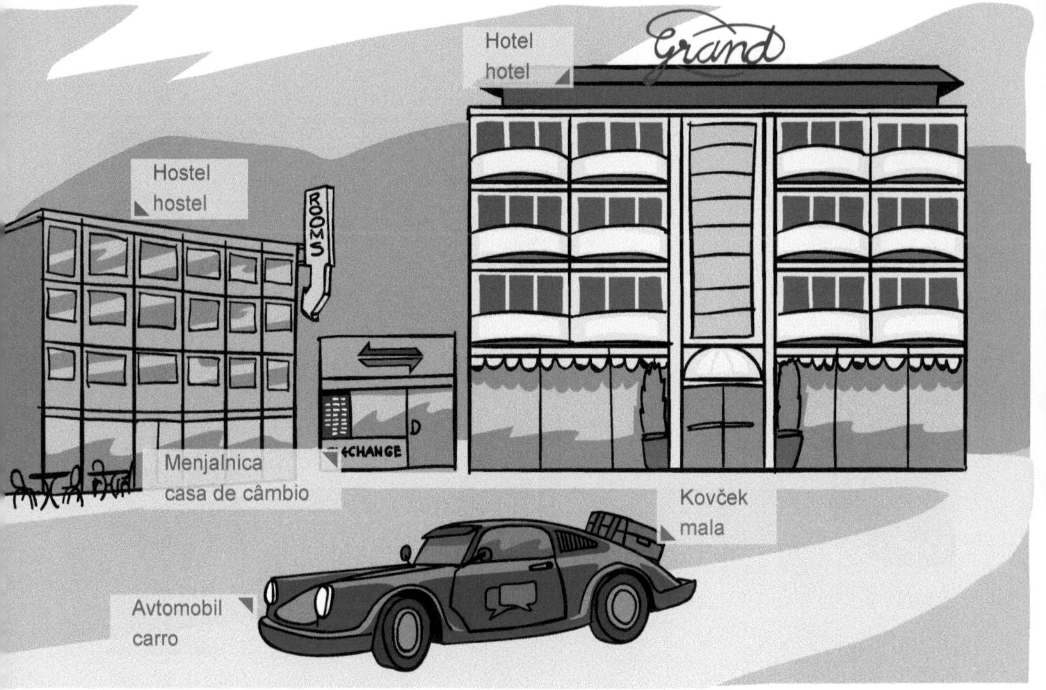

Jezik
idioma

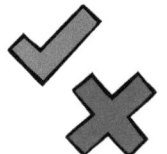

da / ne
sim / não

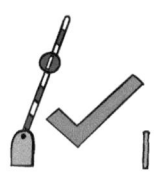

Prav
ok / certo / correto

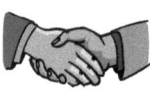

Pozdravljeni
olá

Prevajalec
intérprete

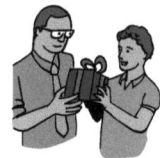

Hvala
obrigado

Koliko stane...?

quanto é que custa... ?

Ne razumem

não entendo

Težava

problema

Dober večer!

boa noite!

Dobro jutro!

Bom dia!

Lahko noč!

Boa noite!

Nasvidenje

adeus

Smer

direção

Prtljaga

bagagem

Torba

saco

Nahrbtnik

mochila

Gost

convidado

Soba

quarto

Spalna vreča

saco-cama

Šotor

tenda

Turistične informacije

informação turística

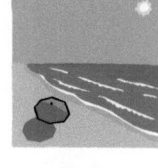

Plaža

praia

Kreditna kartica

cartão de crédito

Zajtrk

pequeno-almoço

Kosilo

almoço

Večerja

jantar

Vozovnica

bilhete

Dvigalo

elevador

Znamka

selo postal

Meja

fronteira

Carina

alfândega

Veleposlaništvo

embaixada

Vizum

visto

Potni list

passaporte

Prevoz
transporte

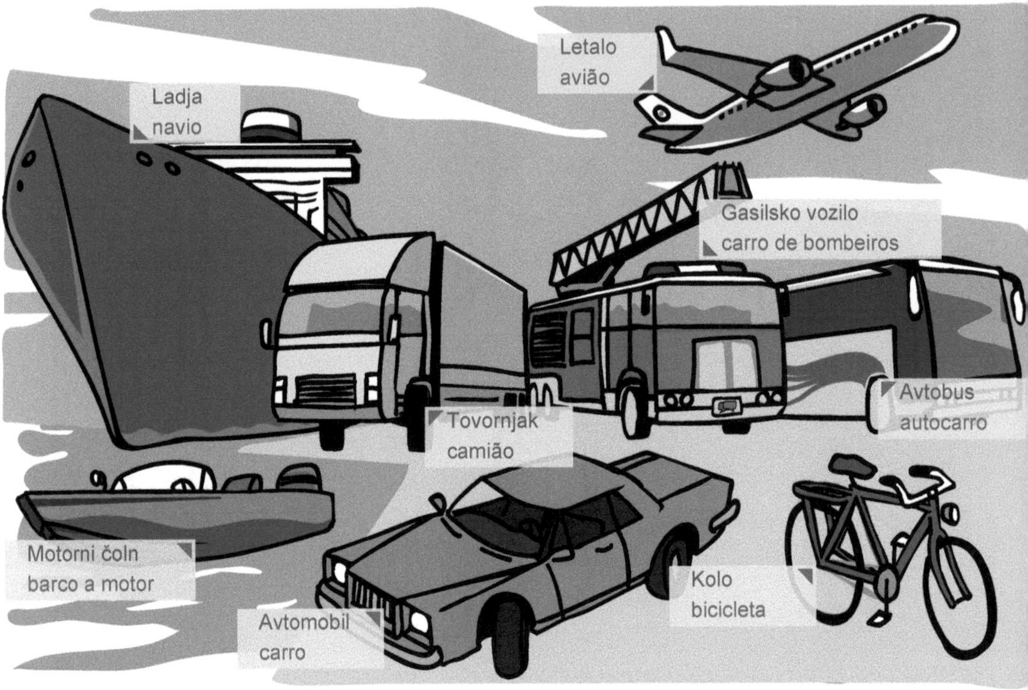

Letalo
avião
Ladja
navio
Gasilsko vozilo
carro de bombeiros
Avtobus
autocarro
Tovornjak
camião
Motorni čoln
barco a motor
Kolo
bicicleta
Avtomobil
carro

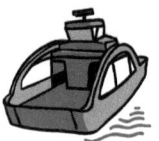

Trajekt

cacilheiro

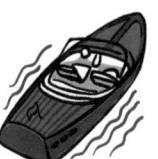

Čoln

barco

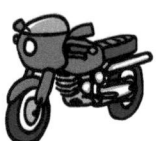

Motorno kolo

mota

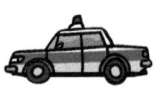

Policijski avto

carro de polícia

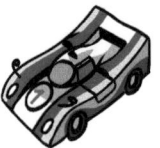

Dirkalni avto

carro de corrida

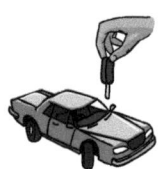

Najeto vozilo

carro alugado

Souporaba avtomobila

carsharing

Avtovleka

camião de reboque

Smetarsko vozilo

camião do lixo

Motor

motor

Gorivo

combustível

Bencinska postaja

estação de serviço

Prometni znak

sinal de trânsito

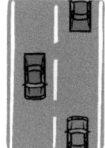

Promet

trânsito

Zastoj

congestionamento de trânsito

Parkirišče

parque de estacionamento

Železniška postaja

estação ferroviária

Tirnice

carris

Vlak

comboio

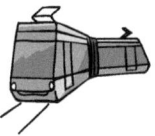

Tramvaj

elétrico

Vagon

carruagem

Helikopter

helicóptero

Letališče

aeroporto

Stolp

torre

Potnik

passageiro

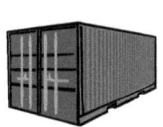

Kontejner

contentor

Karton

caixa de papelão

Voziček

carrinho

Košara

cesto

vzleteti / pristati

levantar voo / aterrar

Mesto

cidade

Vas

aldeia

Mestno jedro

centro da cidade

Hiša

casa

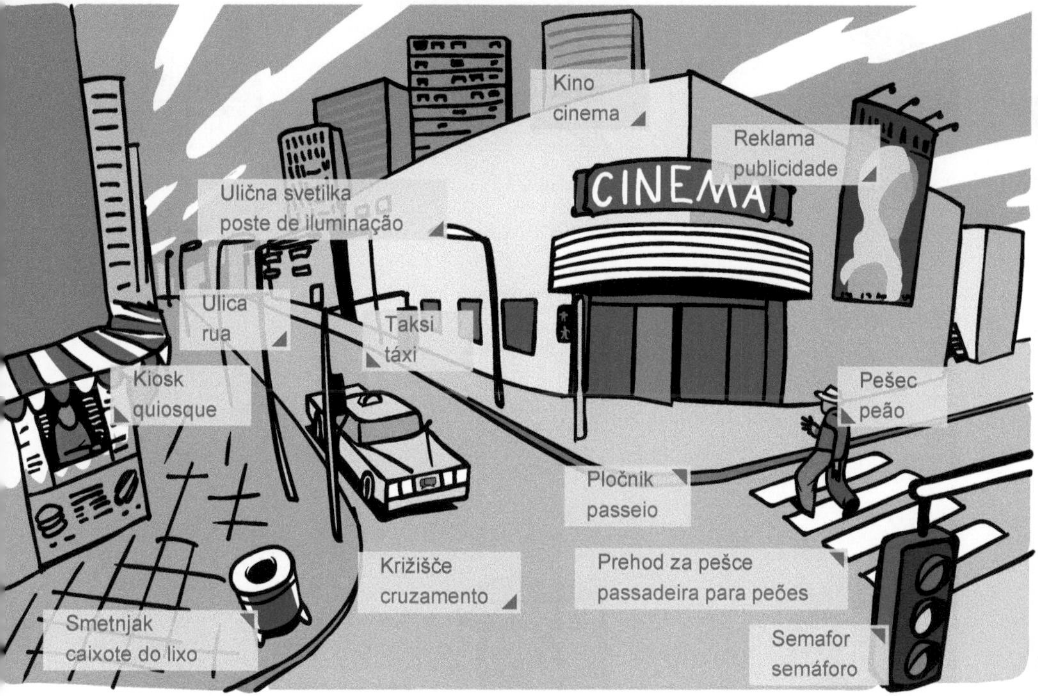

Kino
cinema

Reklama
publicidade

Ulična svetilka
poste de iluminação

Ulica
rua

CINEMA

Taksi
táxi

Kiosk
quiosque

Pešec
peão

Pločnik
passeio

Križišče
cruzamento

Prehod za pešce
passadeira para peões

Smetnjak
caixote do lixo

Semafor
semáforo

Koča

cabana

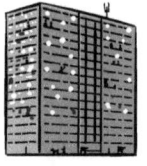

Stanovanje

apartamento

Železniška postaja

estação ferroviária

Mestna hiša

câmara municipal

Muzej

museu

Šola

escola

Univerza

universidade

Banka

banco

Bolnišnica

hospital

Hotel

hotel

Lekarna

farmácia

Pisarna

escritório

Knjigarna

livraria

Trgovina

loja

Cvetličarna

florista

Supermarket

supermercado

Tržnica

mercado

Veleblagovnica

loja de departamentos

Ribarnica

peixaria

Nakupovalno središče

centro comercial

Pristanišče

porto

Park

parque

Klop

banco

Most

ponte

Stopnice

escadas

Podzemna železnica

metro

Predor

túnel

Avtobusno postajališče

paragem de autocarro

Bar

bar

Restavracija

restaurante

Poštni nabiralnik

caixa de correio

Ulična tabla

sinal de trânsito

Parkirna ura

parquímetro

Živalski vrt

jardim zoológico

Kopališče

piscina

Mošeja

mesquita

Kmetija

quinta

Onesnaževanje

poluição

Pokopališče

cemitério

Cerkev

igreja

Otroško igrišče

parque infantil

Tempelj

templo

Pokrajina
paisagem

List
folha

Kažipot
placa de sinalização

Pot
caminho

Travnik
prado

Kamen
pedra

Drevo
árvore

Pohodnik
caminhantes

Reka
rio

Trava
relva

Cvetlica
flor

Dolina	**Hrib**	**Jezero**
vale	montanha	lago
	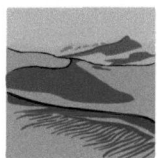	
Gozd	**Puščava**	**Vulkan**
floresta	deserto	vulcão

Grad	**Mavrica**	**Goba**
castelo	arco-íris	cogumelo

Palma	**Komar**	**Muha**
palma	mosquito	mosca

Mravlja	**Čebela**	**Pajek**
formiga	abelha	aranha

Hrošč

besouro

Žaba

sapo

Veverica

esquilo

Jež

ouriço

Zajec

lebre

Sova

coruja

Ptič

pássaro

Labod

cisne

Divji prašič

javali

Jelen

veado

Los

alce

Jez

barragem

Vetrnica

turbina eólica

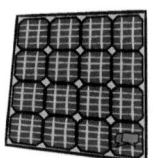

Solarna plošča

painel solar

Podnebje

clima

Restavracija
restaurante

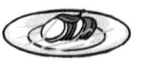

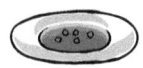

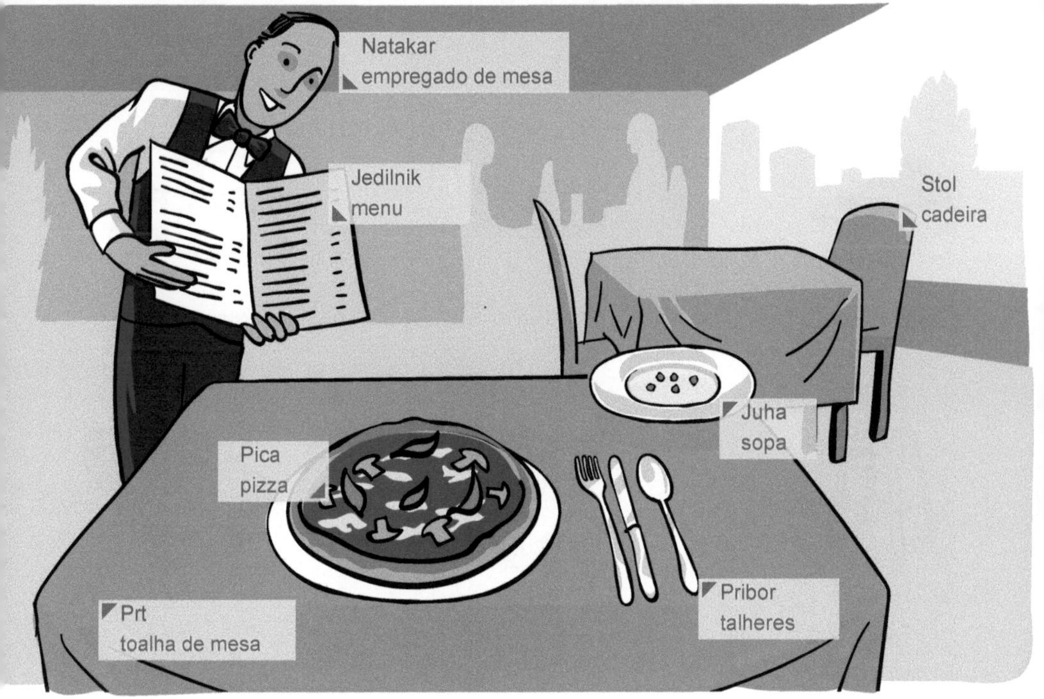

Natakar
empregado de mesa
Jedilnik
menu
Stol
cadeira
Juha
sopa
Pica
pizza
Pribor
talheres
Prt
toalha de mesa

Predjed

entrada

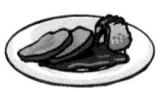

Glavna jed

prato principal

Sladica

sobremesa

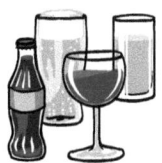

Pijače

bebidas

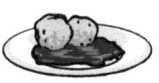

Hrana

comida

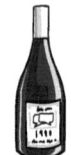

Steklenica

garrafa

Hitra hrana

fast food

Ulična hrana

comida de rua

Čajnik

bule de chá

Sladkornica

açucareiro

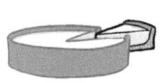

Porcija

porção

Aparat za espresso

máquina de café expresso

Stolček za hranjenje

cadeira alta

Račun

conta

Pladenj

bandeja

Nož

faca

Vilica

garfo

Žlica

colher

Čajna žlička

colher de chá

Servieta

guardanapo

Kozarec

copo

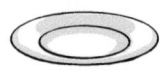

Krožnik

prato

Globoki krožnik

prato de sopa

Krožniček

pires

Omaka

molho

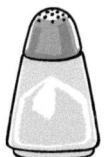

Solnica

saleiro

Mlinček za poper

moinho de pimenta

Kis

vinagre

Olje

óleo

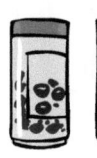

Začimbe

especiarias

Kečap

ketchup

Gorčica

mostarda

Majoneza

maionese

Supermarket
supermercado

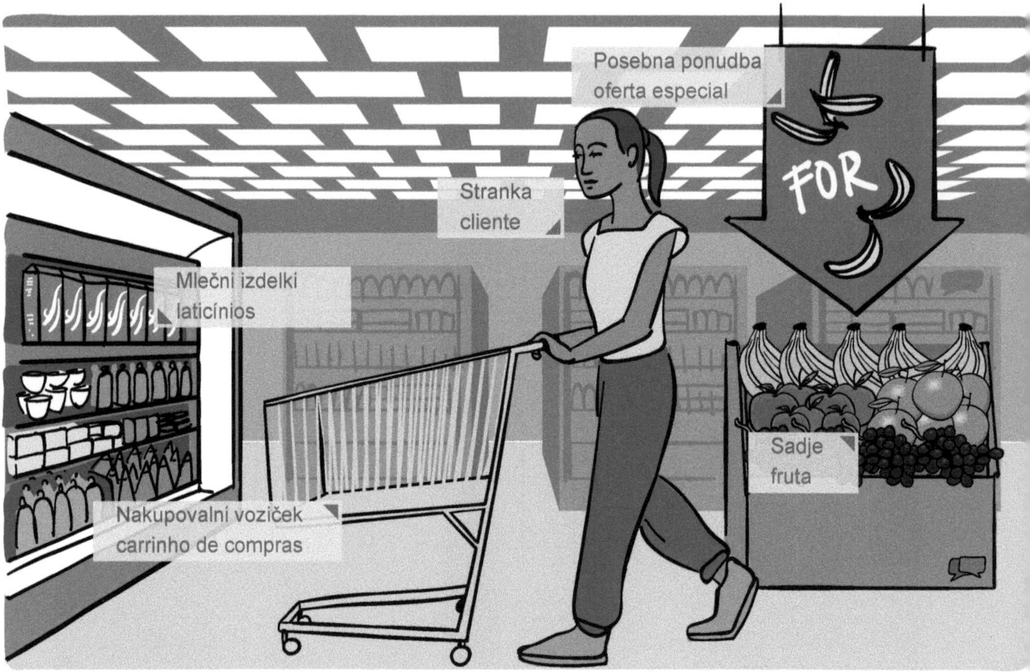

Posebna ponudba
oferta especial
FOR
Stranka
cliente
Mlečni izdelki
laticínios
Sadje
fruta
Nakupovalni voziček
carrinho de compras

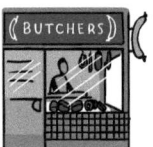

BUTCHERS

Mesnica

talho

BAKERY

Pekarna

padaria

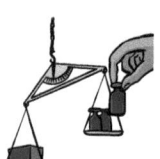

Tehtati

pesar

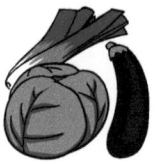

Zelenjava

vegetais

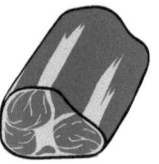

Meso

carne

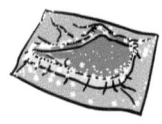

Zamrznjena hrana

alimentos congelados

Hladne mesnine

charcutaria

Konzerve

comida enlatada

Pralni prašek

detergente em pó

Sladkarije

doces

Gospodinjski izdelki

artigos domésticos

Čistilno sredstvo

produtos de limpeza

Prodajalka

vendedora

Blagajna

caixa

Blagajnik

caixa

Nakupovalni seznam

lista de compras

Delovni čas

horário de funcionamento

Denarnica

carteira

Kreditna kartica

cartão de crédito

Torba

saco

Plastična vrečka

saco de plástico

Voda

água

Sok

sumo

Mleko

leite

Kola

coca-cola

Vino

vinho

Pivo

cerveja

Alkohol

álcool

Kakav

cacau

Čaj

chá

Kava

café

Espresso

café expresso

Kapučino

capuccino

Banana

banana

Jabolko

maçã

Pomaranča

laranja

Lubenica

melão

Limona

limão

Korenje

cenoura

Česen

alho

Bambus

bambu

Čebula

cebola

Goba

cogumelo

Oreščki

nozes

Rezanci

talharim

Špageti

esparguete

Riž

arroz

Solata

salada

Ocvrt krompirček

batatas fritas

Pečen krompir

batatas fritas

Pica

pizza

Hamburger

hambúrguer

Sendvič

sanduíche

Zrezek

bife panado

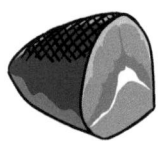

Šunka

fiambre

Salama

salame

Klobasa

salsicha

Piščanec

galinha

Pečenka

assado

Riba

peixe

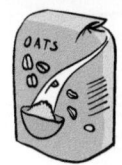

Ovseni kosmiči

flocos de aveia

Musli

muesli

Koruzni kosmiči

flocos de milho

Moka

farinha

Rogljiček

croissant

Žemlja

carcaça (pãozinho)

Kruh

pão

Prepečenec

torrada

Piškoti

biscoitos

Maslo

manteiga

Skuta

requeijão

Torta

bolo

Jajce

ovo

Pečeno jajce na oko

ovo estrelado

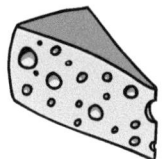

Sir

queijo

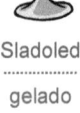

Sladoled

gelado

Sladkor

açúcar

Med

mel

Marmelada

compota

Čokoladni namaz

creme de nougat

Kari

caril

Kmetija
quinta

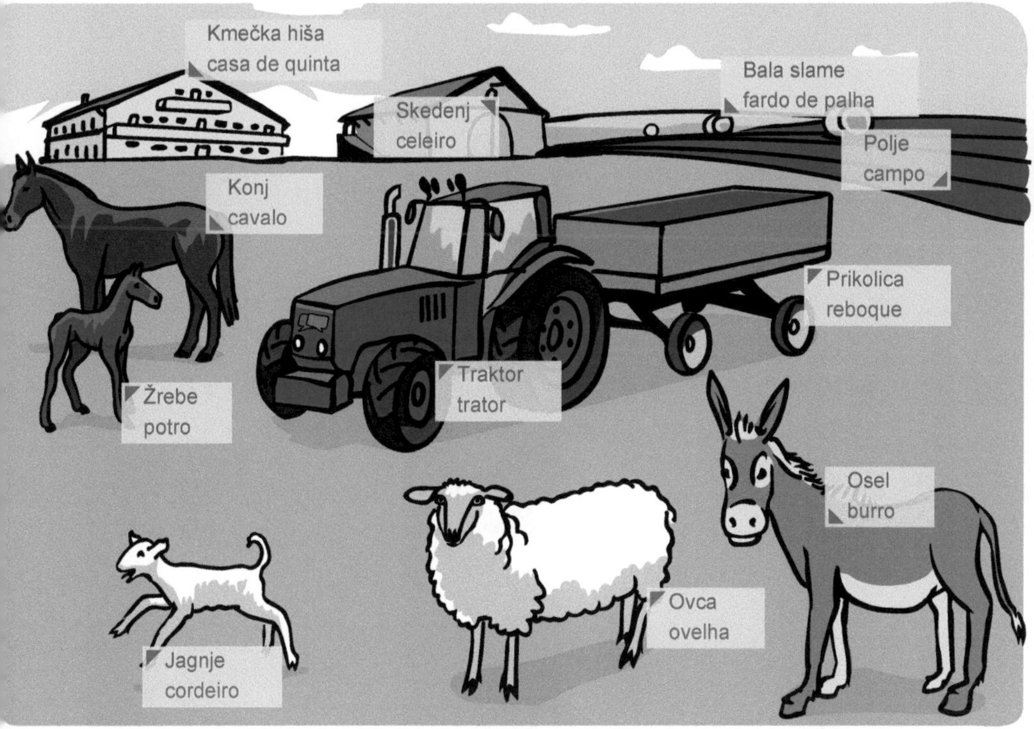

Kmečka hiša
casa de quinta
Skedenj
celeiro
Bala slame
fardo de palha
Polje
campo
Konj
cavalo
Prikolica
reboque
Traktor
trator
Žrebe
potro
Osel
burro
Ovca
ovelha
Jagnje
cordeiro

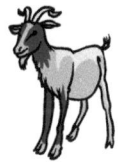

Koza

cabra

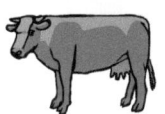

Krava

vaca

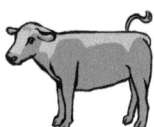

Tele

bezerro

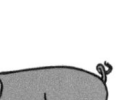

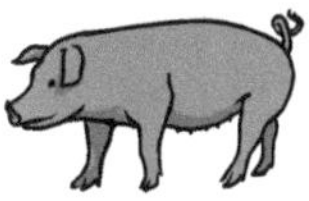

Prašič

porco

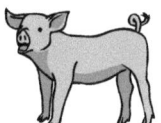

Pujsek

leitão

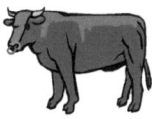

Bik

touro

Gos

ganso

Raca

pato

Piščanec

pintaínho

Kokoš

galinha

Petelin

galo

Podgana

ratazana

Mačka

gato

Miš

rato

Vol

boi

Pes

cão

Pasja uta

casota

Cev za zalivanje

mangueira de jardim

Kangla za zalivanje

regador

Kosa

foice

Plug

arado

Srp

foice

Motika

enxada

Vile

forquilha

Sekira

machado

Samokolnica

carrinho de mão

Korito

manjedoura

Kangla za mleko

jarro de leite

Vreča

saco

Ograja

cerca

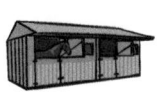

Hlev

estábulo

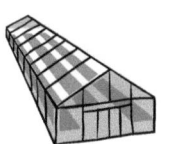

Rastlinjak

estufa

Prst

solo

Seme

semente

Gnojilo

fertilizante

Kombajn

ceifeira-debulhadora

Žeti
colher

Žetev
colheita

Jam
inhame

Pšenica
trigo

Soja
soja

Krompir
batata

Koruza
milho

Oljna ogrščica
colza

Sadno drevo
árvore de fruto

Maniok
mandioca

Žito
cereais

Hiša

casa

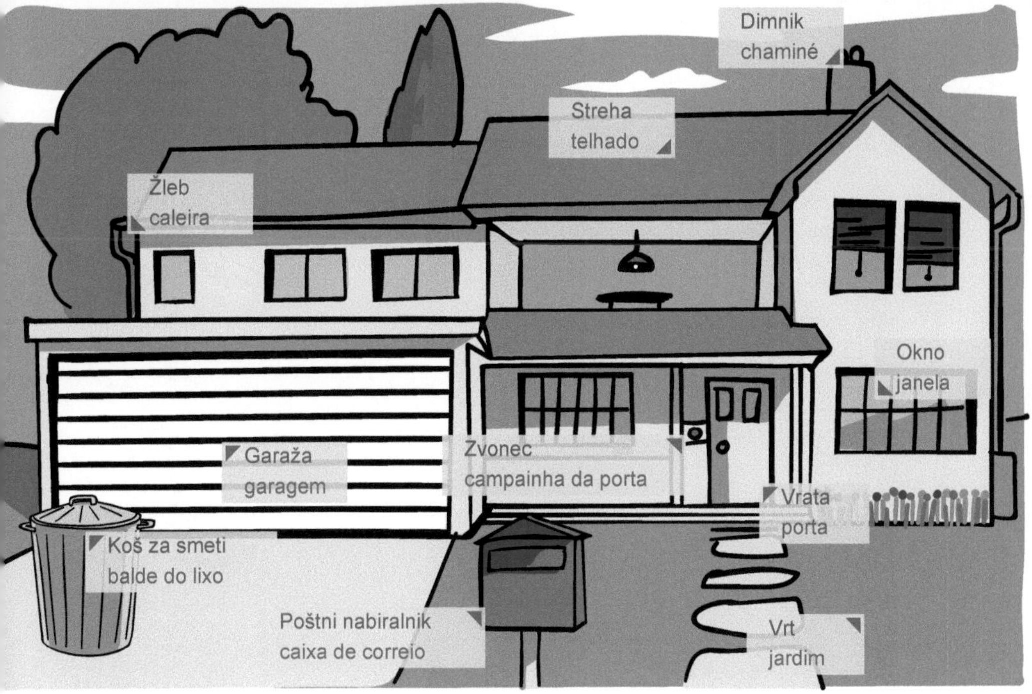
Dimnik
chaminé
Streha
telhado
Žleb
caleira
Okno
janela
Garaža
garagem
Zvonec
campainha da porta
Vrata
porta
Koš za smeti
balde do lixo
Poštni nabiralnik
caixa de correio
Vrt
jardim

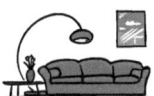

Dnevna soba

sala de estar

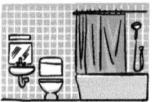

Kopalnica

casa de banho

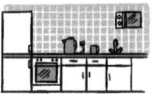

Kuhinja

cozinha

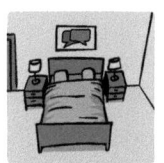

Spalnica

quarto de dormir

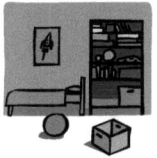

Otroška soba

quarto de criança

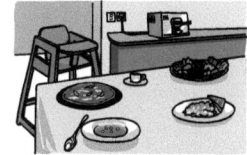

Jedilnica

sala de jantar

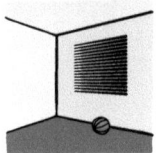	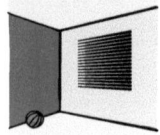	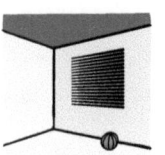
Tla	Stena	Strop
chão	parede	teto
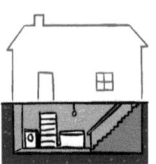		
Klet	Savna	Balkon
cave	sauna	varanda
	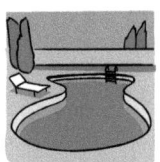	
Terasa	Bazen	Kosilnica
terraço	piscina	máquina de cortar relvado
		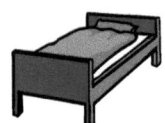
Rjuha	Posteljno pregrinjalo	Postelja
lençol	cobertor	cama

Metla	Vedro	Stikalo
vassoura	balde	interruptor

Dnevna soba

sala de estar

Tapeta
papel de parede
Slika
imagem
Svetilka
lâmpada
Polica
prateleira
Omara
armário
Televizor
televisão
Kamin
lareira
Cvetlica
flor
Blazina
almofada
Zofa
sofá
Vaza
vaso
Daljinski upravljalnik
controlo remoto

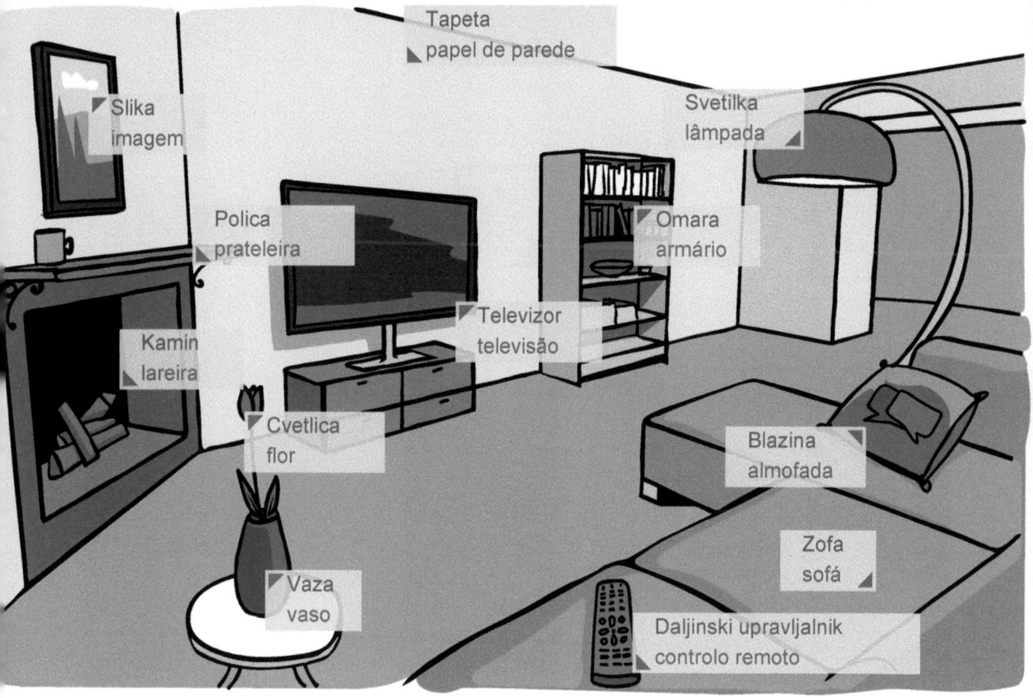

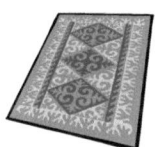

Preproga

tapete

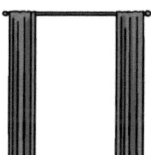

Zavesa

cortina

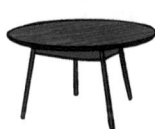

Miza

mesa

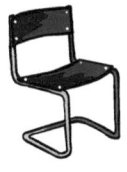

Stol

cadeira

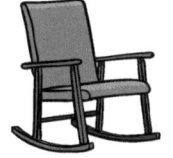

Gugalnik

cadeira de baloiço

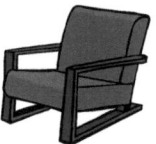

Naslanjač

poltrona

Knjiga

livro

Odeja

cobertor

Dekoracija

decoração

Drva

lenha

Film

filme

Glasbeni stolp

sistema estéreo

Ključ

chave

Časopis

jornal

Slika

pintura

Plakat

póster

Radio

rádio

Beležka

bloco de notas

Sesalnik

aspirador

Kaktus

cato

Sveča

vela

Kuhinja
cozinha

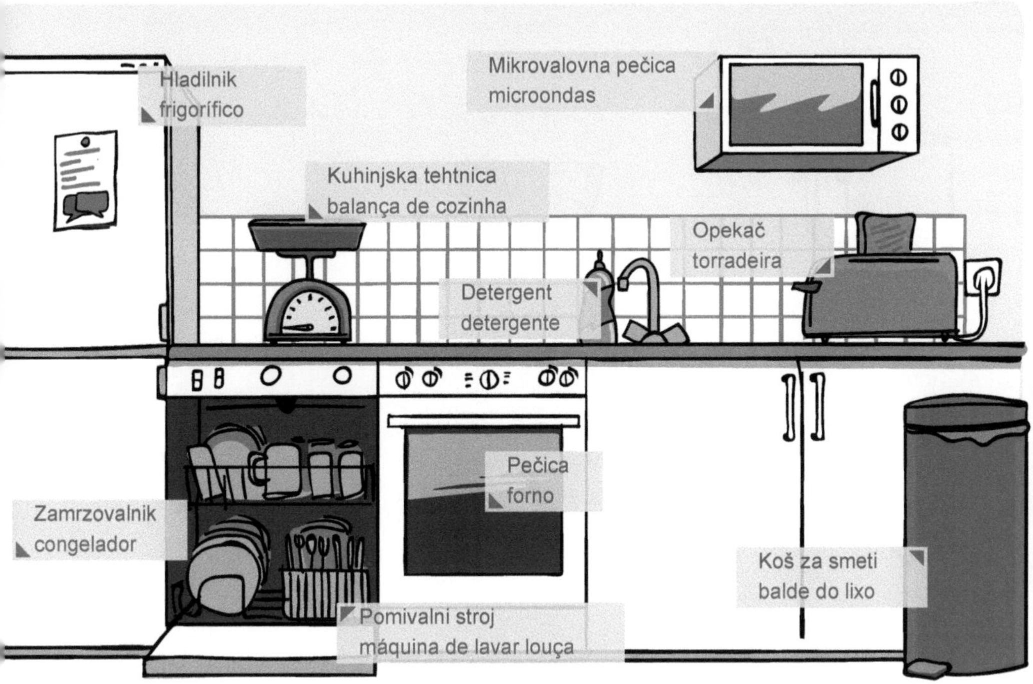
Hladilnik
frigorífico
Mikrovalovna pečica
microondas
Kuhinjska tehtnica
balança de cozinha
Opekač
torradeira
Detergent
detergente
Pečica
forno
Zamrzovalnik
congelador
Koš za smeti
balde do lixo
Pomivalni stroj
máquina de lavar louça

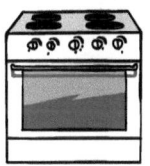

Kozica

fogão

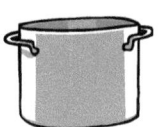

Lonec

panela

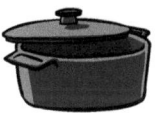

Litoželezni lonec

panela de ferro

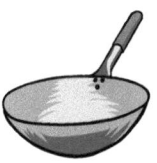

Vok / kadai

wok / kadai

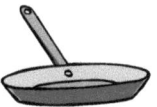

Ponev

frigideira

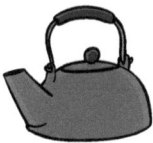

Kotliček

chaleira

Parni kuhalnik

panela a vapor

Pekač

tabuleiro de forno

Posoda

louça

Skodelica

caneca

Skleda

tigela

Jedilne paličice

pauzinhos

Zajemalka

concha de sopa

Lopatica

espátula

Metlica

batedor de claras

Cedilnik

escorredor

Cedilo

peneira

Strgalo

ralador

Možnar

almofariz

Žar

churrasqueira

Ognjišče

lareira

Deska za rezanje

tábua de cortar

Valjar

rolo da massa

Odpirač za steklenice

saca-rolhas

Pločevinka

lata

Odpirač za konzerve

abridor de latas

Prijemalka za posodo

luvas de forno

Korito

lava-loiça

Ščetka

escova

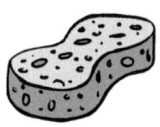

Goba

esponja

Mešalnik

liquidificador

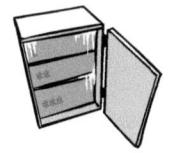

Zamrzovalna skrinja

arca frigorífica

Steklenička

biberão

Pipa

torneira

Kopalnica
casa de banho

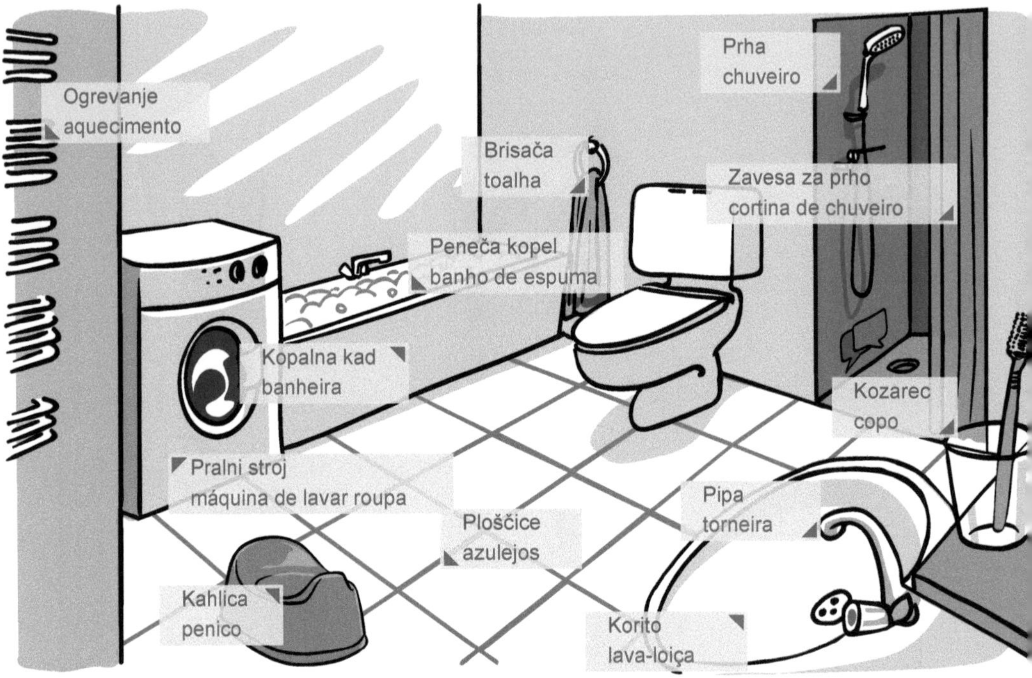
Ogrevanje
aquecimento
Brisača
toalha
Prha
chuveiro
Zavesa za prho
cortina de chuveiro
Peneča kopel
banho de espuma
Kopalna kad
banheira
Kozarec
copo
Pralni stroj
máquina de lavar roupa
Pipa
torneira
Ploščice
azulejos
Kahlica
penico
Korito
lava-loiça

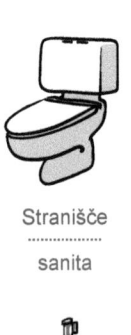

Stranišče
sanita

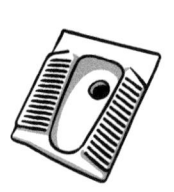

Stranišče na počep
retrete turca

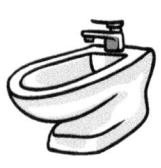

Bide
bidé

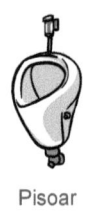

Pisoar
urinol

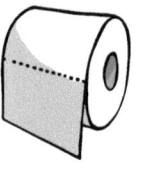

Toaletni papir
papel higiénico

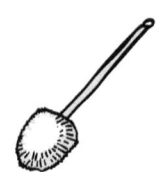

Ščetka za straniščno školjko
piaçaba

Zobna ščetka

escova de dentes

Zobna pasta

pasta de dentes

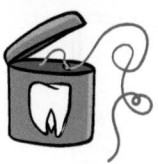

Zobna nitka

fio dentário

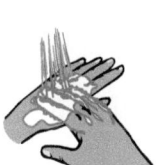

Umiti se

lavar

Ročna prha

chuveiro de mão

Prha za intimne dele

duche íntimo

Umivalnik

bacia

Krtača za hrbet

escova para as costas

Milo

sabonete

Gel za prhanje

gel de banho

Šampon

champô

Krpica za miljenje

toalha de rosto

Odtok

escoamento

Krema

creme

Deodorant

desodorizante

Ogledalo

espelho

Ročno ogledalo

espelho de mão

Britvica

máquina de barbear

Pena za britje

creme de barbear

Vodica po britju

loção pós-barba

Glavnik

pente

Ščetka

escova

Sušilnik za lase

secador de cabelo

Lak za lase

spray de cabelo

Ličila

maquilhagem

Šminka

batom

Lak za nohte

verniz de unhas

Vatirane blazinice

algodão

Škarjice za nohte

tesoura para unhas

Parfum

perfume

Toaletna torbica

nécessaire

Stol brez naslonjala

tamborete

Osebna tehtnica

balança

Kopalni plašč

roupão de banho

Gumijaste rokavice

luvas de borracha

Tampon

tampão

Damski vložki

penso higiénico

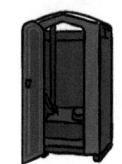

Kemično stranišče

WC químico

Otroška soba
quarto de criança

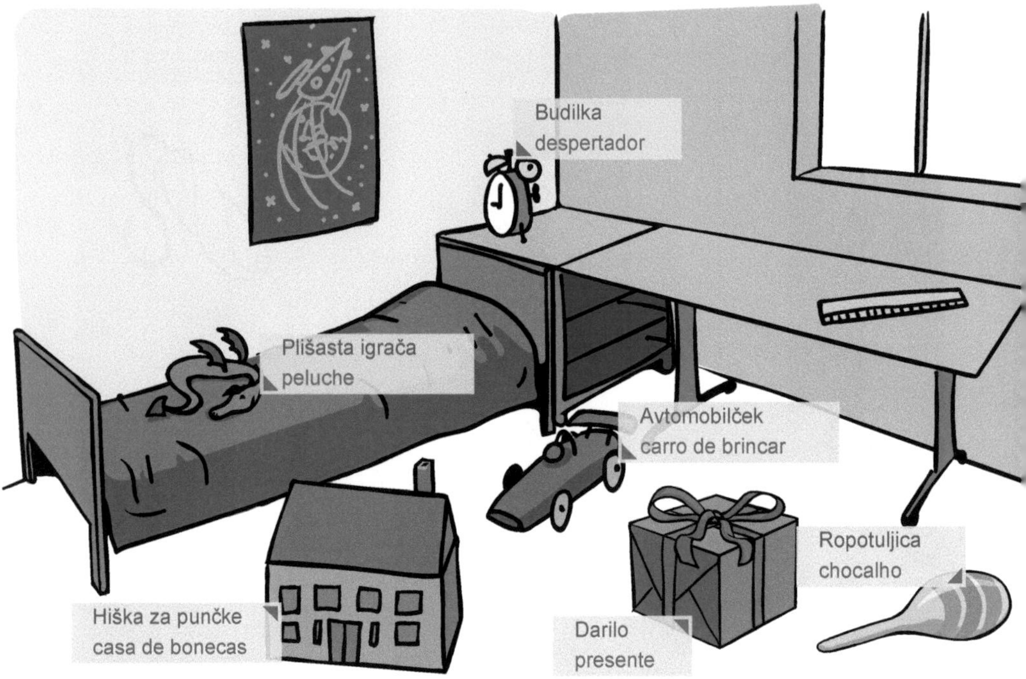

Budilka
despertador
Plišasta igrača
peluche
Avtomobilček
carro de brincar
Ropotuljica
chocalho
Hiška za punčke
casa de bonecas
Darilo
presente

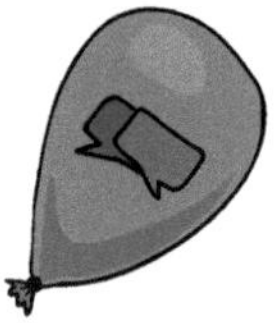

Balon

balão

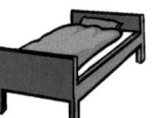

Postelja

cama

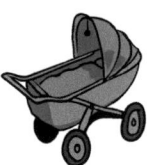

Otroški voziček

carrinho de bebé

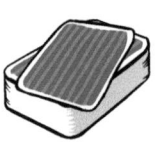

Igralne karte

jogo de cartas

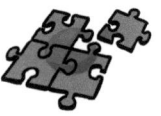

Sestavljanka

quebra-cabeças

SUPER
MEGA

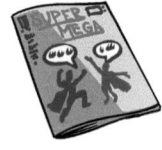

Strip

banda desenhada

Lego kocke

peças de Lego

Igralne kocke

blocos de construção

Akcijska figura

figura de ação

Bodi

fato de bebé

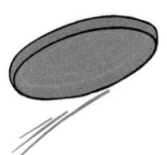

Frizbi

Frisbee

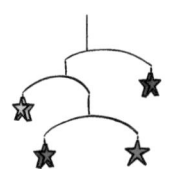

Vrtiljak za posteljico

móbile para bebé

Namizna igra

jogo de tabuleiro

Kocka

dados

Komplet modelov vlakov

pista de comboio elétrico

Duda

chupeta

Zabava

festa

Slikanica

livro ilustrado

Žoga

bola

Lutka

boneca

Igrati se

jogar

Peskovnik

caixa de areia

Gugalnica

baloiço

Igrače

brinquedos

Igralna konzola

consola de jogos

Tricikel

triciclo

Plišasti medvedek

ursinho de peluche

Garderoba

guarda-roupa

Oblačilo

vestuário

Nogavice

meias

Samostoječe nogavice

meias pelo joelho

Hlačne nogavice

meias-calças

Šal
cachecol

Dežnik
guarda-chuva

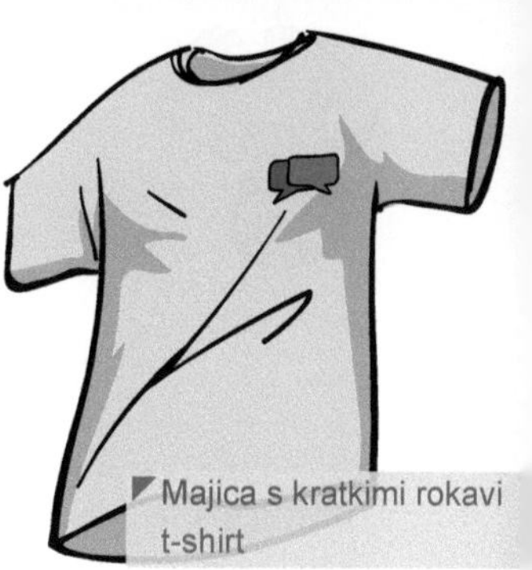

Pas
cinto

Majica s kratkimi rokavi
t-shirt

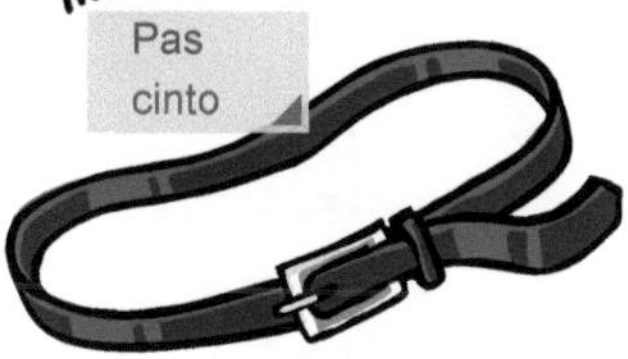

Škornji
botas

Copati
chinelos

Športni copati
sapatilhas

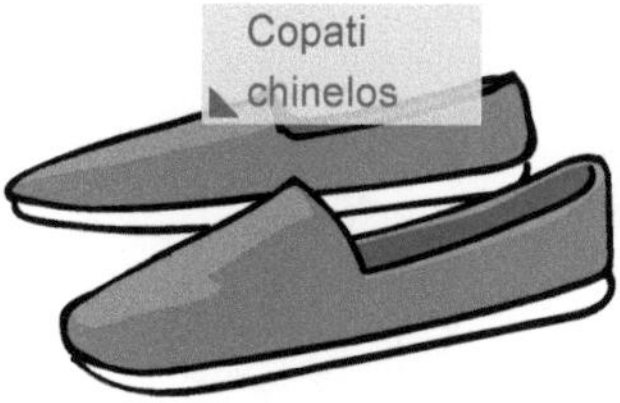

Sandali
·················
sandálias

Čevlji
·················
sapatos

Gumijasti škornji
·················
botas de borracha

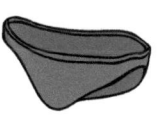

Spodnje hlače
·················
cuecas

Modrček
·················
sutiã

Telovnik
·················
camisola interior

Bodi

body

Hlače

calças

Kavbojke

calças de ganga

Krilo

saia

Bluza

blusa

Srajca

camisa

Pulover

pulôver

Pletena jopica

camisola com capuz

Jopa

blazer

Jakna

casaco

Plašč

manto

Dežni plašč

gabardina

Kostim

traje

Obleka

vestido

Poročna obleka

vestido de casamento

Obleka

fato

Spalna srajca

camisa de dormir

Pižama

pijama

Sari

sari

Naglavna ruta

lenço de cabeça

Turban

turbante

Burka

burca

Kaftan

cafetă

Abaja

abaya

Kopalke

fato de banho

Kopalne hlače

calções de banho

Kratke hlače

calções

Trenirka

fato de treino

Predpasnik

avental

Rokavice

luvas

Gumb

botão

Očala

óculos

Zapestnica

pulseira

Verižica

colar

Prstan

anel

Uhan

brinco

Kapa

boné

Obešalnik

cabide

Klobuk

chapéu

Kravata

gravata

Zadrga

fecho de correr

Čelada

capacete

Naramnice

suspensórios

Šolska uniforma

uniforme escolar

Uniforma

uniforme

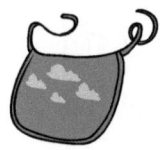

Slinček

babete

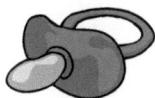

Duda

chupeta

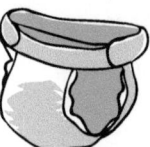

Plenica

fralda

Pisarna
escritório

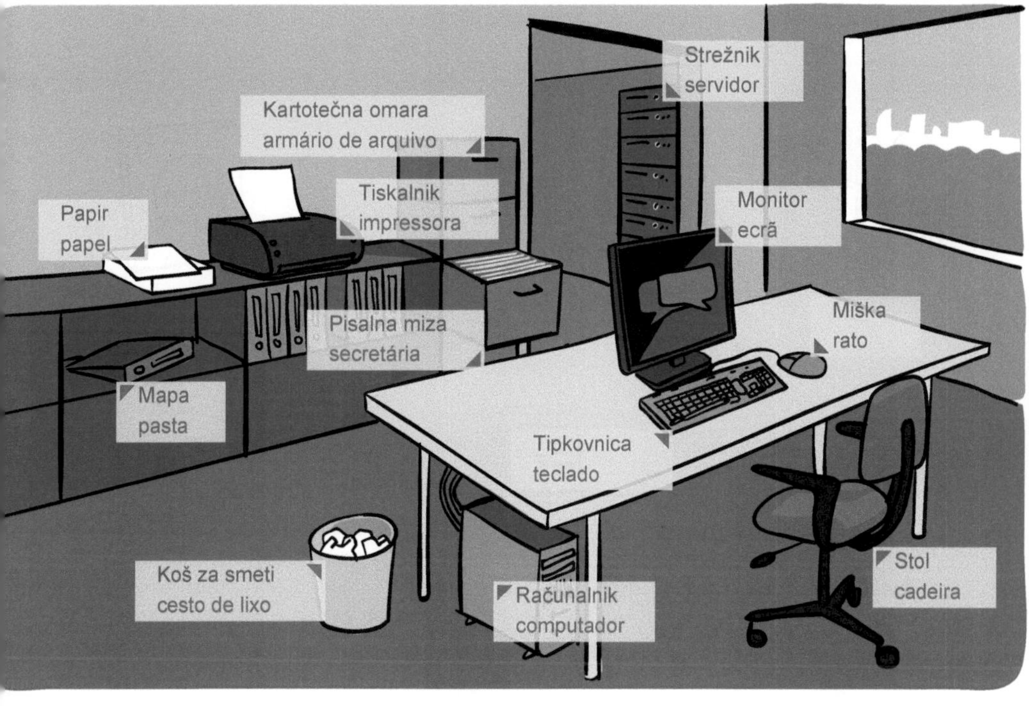
Strežnik
servidor
Kartotečna omara
armário de arquivo
Tiskalnik
impressora
Papir
papel
Monitor
ecrã
Miška
rato
Pisalna miza
secretária
Mapa
pasta
Tipkovnica
teclado
Koš za smeti
cesto de lixo
Računalnik
computador
Stol
cadeira

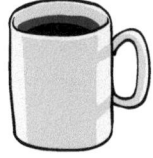

Lonček za kavo

caneca de café

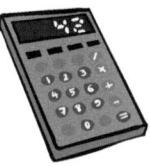

Kalkulator

calculadora

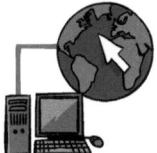

Internet

internet

Prenosnik

computador portátil

Pismo

carta

Sporočilo

mensagem

Mobilnik

telemóvel

Omrežje

rede

Kopirni stroj

fotocopiadora

Programska oprema

software

Telefon

telefone

Vtičnica

tomada elétrica

Telefaks

fax

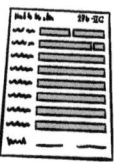

Obrazec

formulário

Dokument

documento

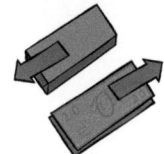

Kupiti
comprar

Plaćati
pagar

Trgovati
negociar

Denar
dinheiro

USD

Dolar
dólar

EUR

Evro
euro

JPY

Jen
yen

RUB

Rubelj
rublo

CHF

Švičarski frank
franco suíço

CNY

Kitajski juan renminbi
renminbi yuan

INR

Rupija
rupia

Bankomat
caixa de multibanco

Menjalnica

casa de câmbio

Zlato

ouro

Srebro

prata

Nafta

petróleo

Energija

energia

Cena

preço

Pogodba

contrato

Davek

imposto

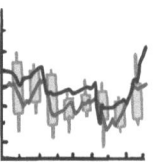

Delnice

ação

Delati

trabalhar

Delojemalec

empregado

Delodajalec

entidade patronal

Tovarna

fábrica

Trgovina

loja

Poklici
profissões

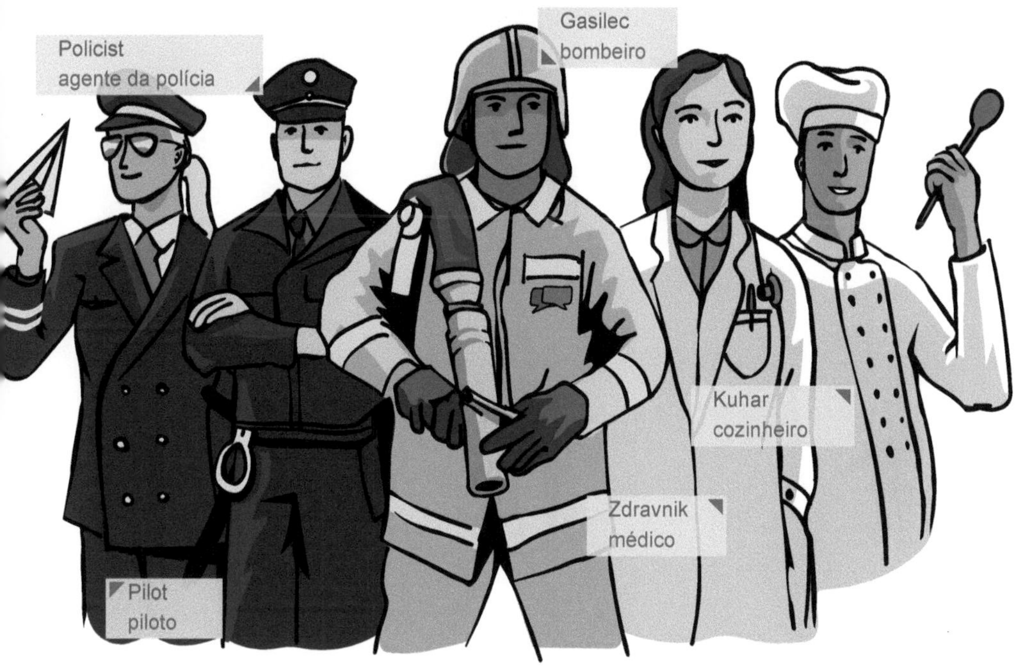

Policist
agente da polícia
Gasilec
bombeiro
Kuhar
cozinheiro
Zdravnik
médico
Pilot
piloto

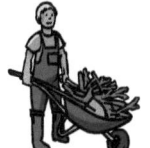

Vrtnar

jardineiro

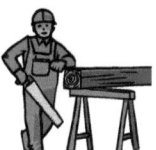

Mizar

carpinteiro

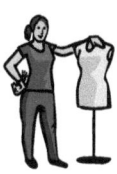

Šivilja

costureira

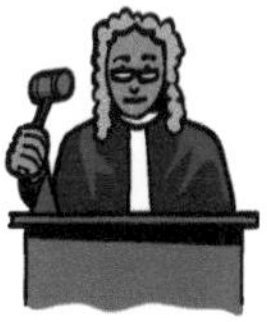

Sodnik

juiz

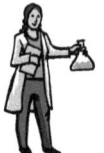

Kemik

químico

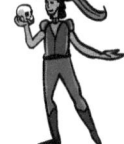

Igralec

ator

Voznik avtobusa

motorista de autocarro

Taksist

motorista de táxi

Ribič

pescador

Čistilka

empregada de limpeza

Krovec

telhador

Natakar

empregado de mesa

Lovec

caçador

Pleskar

pintor

Pek

padeiro

Električar

eletricista

Gradbenik

construtor

Inženir

engenheiro

Mesar

talhante

Vodovodni inštalater

canalizador

Poštar

carteiro

Vojak

soldado

Arhitekt

arquiteto

Blagajnik

caixa

Cvetličar

florista

Frizer

cabeleireiro

Sprevodnik

controlador de bilhetes

Mehanik

mecânico

Kapitan

capitão

Zobozdravnik

dentista

Znanstvenik

cientista

Rabin

rabino

Imam

imã

Menih

monge

Duhovnik

pastor

Orodje
ferramentas

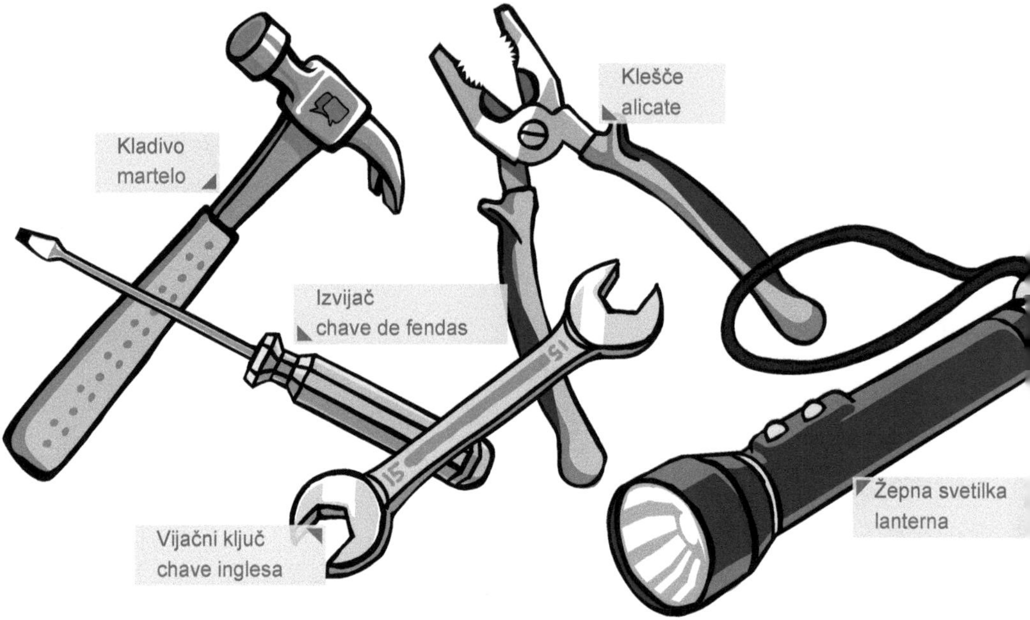
Kladivo
martelo
Klešče
alicate
Izvijač
chave de fendas
Vijačni ključ
chave inglesa
Žepna svetilka
lanterna

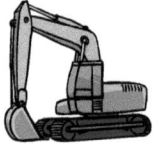

Bager

escavadora

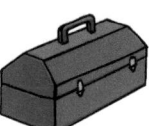

Zaboj z orodjem

caixa de ferramentas

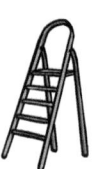

Lestev

escadote

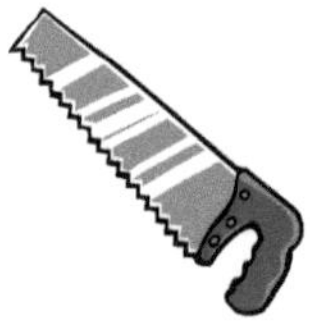

Žaga

serra

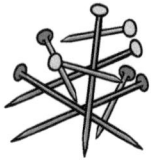

Žeblji

pregos

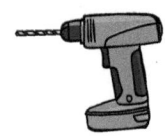

Vrtalnik

broca

Popraviti

reparar

Lopata

pá

Šment!

porcaria!

Smetišnica

pá de lixo

Posoda z barvo

pote de tinta

Vijaki

parafusos

Glasbeni instrument

instrumentos musicais

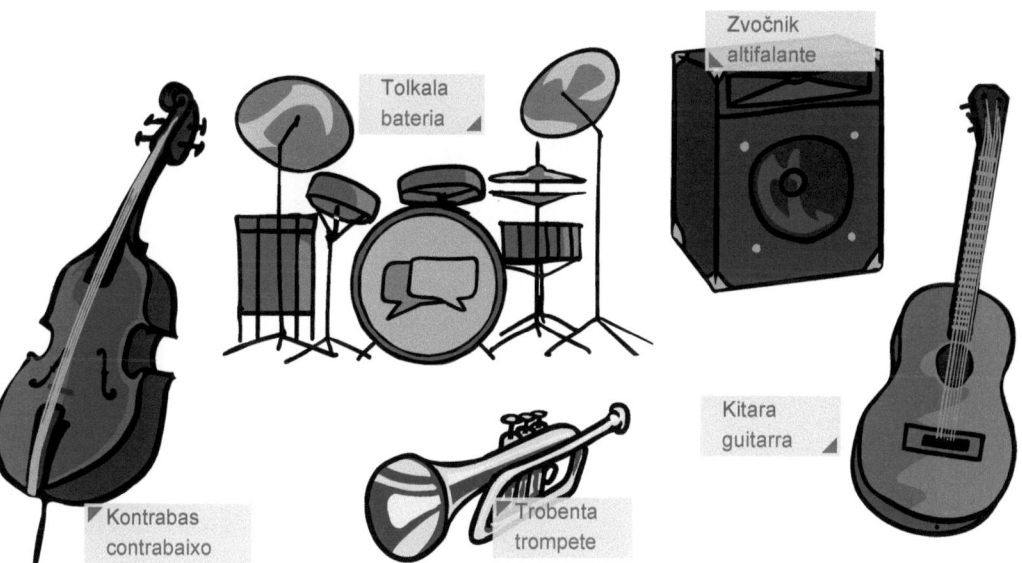

Zvočnik
altifalante

Tolkala
bateria

Kontrabas
contrabaixo

Trobenta
trompete

Kitara
guitarra

Klavir

piano

Violina

violino

Bas kitara

baixo

Pavke

timbales

Bobni

tambor

Sintetizator

teclado

Saksofon

saxofone

Flavta

flauta

Mikrofon

microfone

Živalski vrt

jardim zoológico

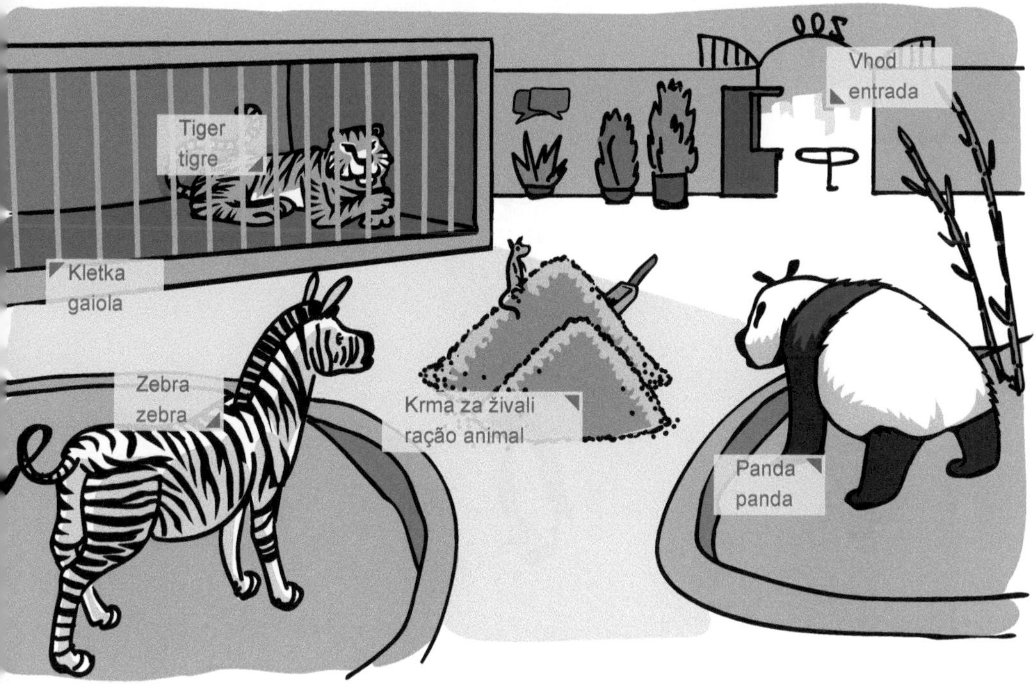

zoo
Vhod
entrada
Tiger
tigre
Kletka
gaiola
Zebra
zebra
Krma za živali
ração animal
Panda
panda

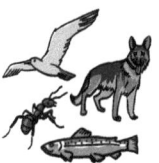

Živali
animais

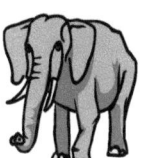

Slon
elefante

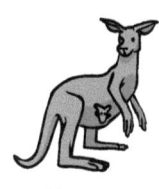

Kenguru
canguru

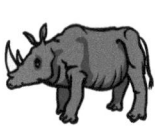

Nosorog
rinoceronte

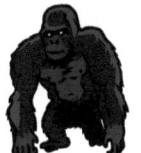

Gorila
gorila

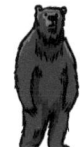

Medved
urso

Kamela

camelo

Noj

avestruz

Lev

leão

Opica

macaco

Plamenec

flamingo

Papagaj

papagaio

Severni medved

urso polar

Pingvin

pinguim

Morski pes

tubarão

Pav

pavão

Kača

cobra

Krokodil

crocodilo

Oskrbnik v živalskem vrtu

guarda do jardim zoológico

Tjulenj

foca

Jaguar

jaguar

Poni

pónei

Leopard

leopardo

Povodni konj

hipopótamo

Žirafa

girafa

Orel

águia

Divji prašič

javali

Riba

peixe

Želva

tartaruga

Mrož

morsa

Lisica

raposa

Gazela

gazela

Ameriški nogomet
futebol americano

Kolesarjenje
ciclismo

Tenis
ténis

Košarka
basquetebol

Plavanje
nataçáo

Boks
boxe

Hokej
hóquei no gelo

Nogomet

futebol

Badminton

badminton

Atletika

atletismo

Rokomet

andebol

Smučanje

esqui

Polo

polo

Dejavnosti
atividades

Smejati se
rir
Skočiti
saltar
Objeti
abraçar
Hoditi
andar
Peti
cantar
Sanjati
sonhar
Moliti
rezar
Poljubiti
beijar

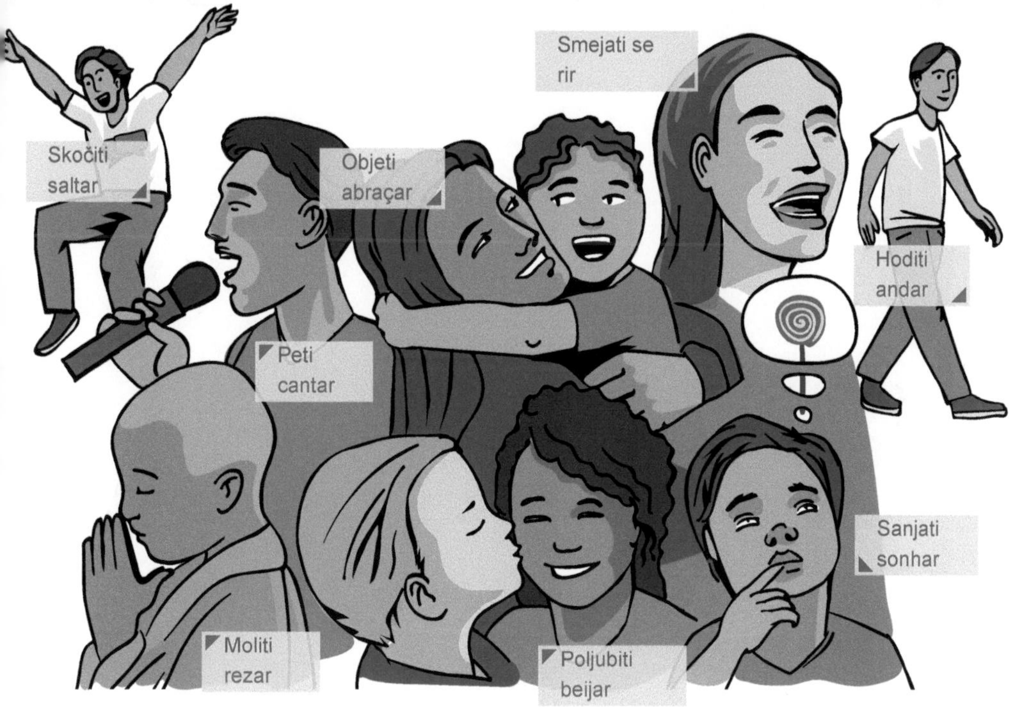

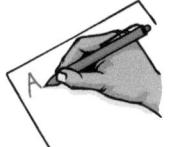

Pisati
escrever

Risati
desenhar

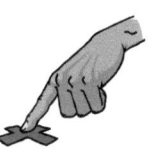

Pokazati
mostrar

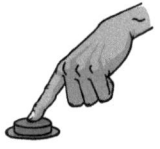

Potisniti
empurrar

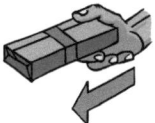

Dati
dar

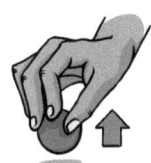

Vzeti
tomar

Imeti

ter

Narediti

fazer

Biti

ser

Stati

ficar de pé

Teči

correr

Vleči

puxar

Vreči

remessar

Pasti

cair

Ležati

deitar

Čakati

esperar

Nositi

carregar

Sedeti

sentar

Obleči se

vestir

Spati

dormir

Zbuditi se

acordar

Gledati

olhar para

Jokati

chorar

Božati

acariciar

Česati se

pentear

Govoriti

falar

Razumeti

compreender

Vprašati

perguntar

Poslušati

ouvir

Piti

beber

Jesti

comer

Pospraviti

arrumar

Ljubiti

amar

Kuhati

cozinhar

Voziti

conduzir

Leteti

voar

Jadrati

velejar

Računanje

calcular

Brati

ler

Učiti se

aprender

Delati

trabalhar

Poročiti se

casar

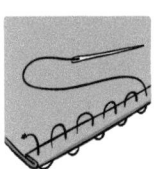

Šivati

costurar

Ščetkati si zobe

escovar os dentes

Ubiti

matar

Kaditi

fumar

Poslati

enviar

Družina
família

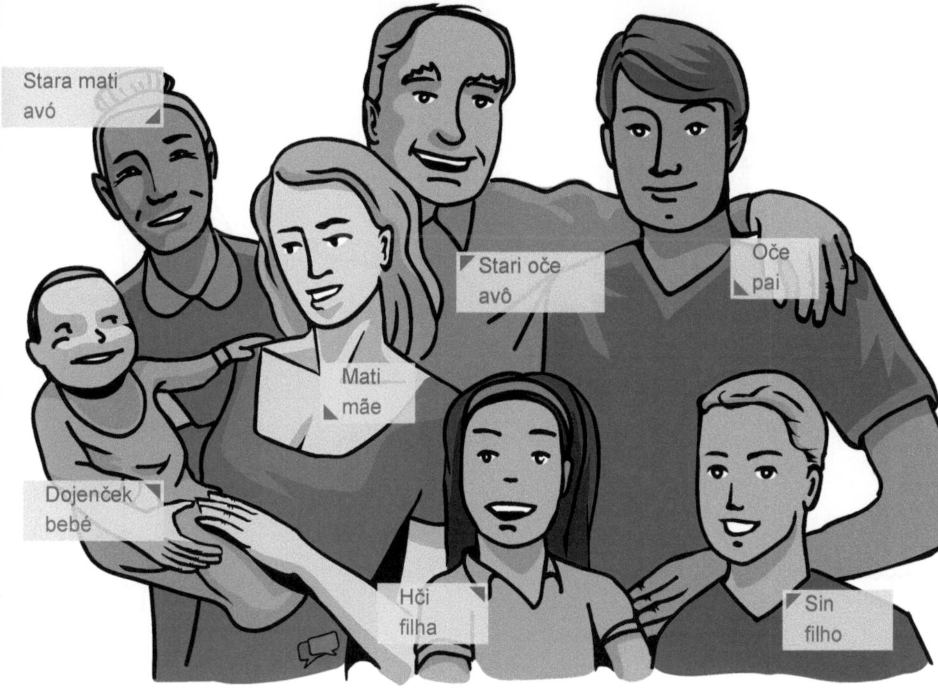

Stara mati
avó
Stari oče
avô
Oče
pai
Mati
mãe
Dojenček
bebé
Hči
filha
Sin
filho

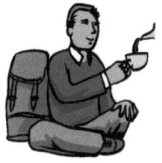

Gost

convidado

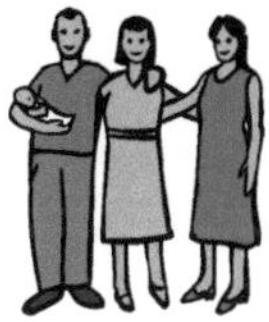

Teta

tia

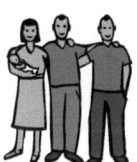

Stric

tio

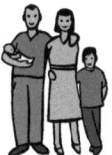

Brat

irmão

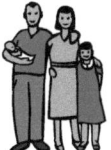

Sestra

irmã

Telo
corpo

Čelo
testa
Oko
olho
Rama
ombro
Prst
dedo
Obraz
cara
Brada
queixo
Dlan
mão
Noga
perna
Prsi
peito
Roka
braço

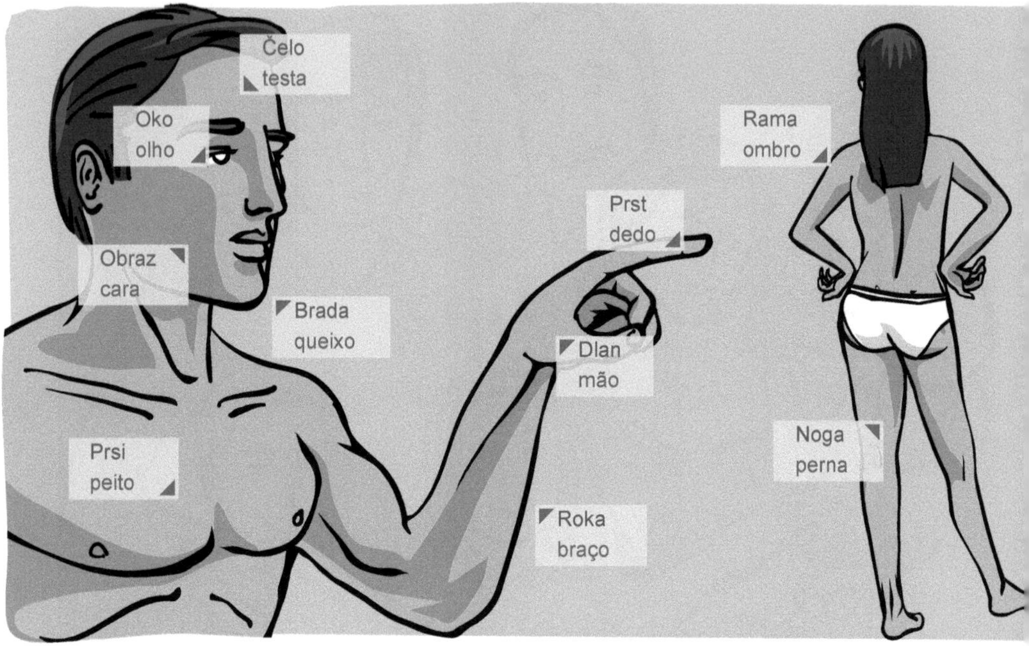

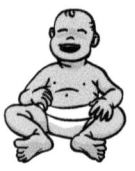

Dojenček
bebé

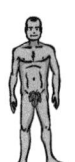

Človek
homem

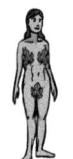

Ženska
mulher

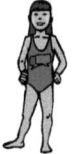

Dekle
menina

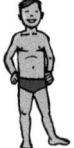

Fant
menino

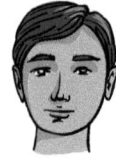

Glava
cabeça

Hrbet

costas

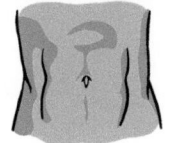

Trebuh

barriga

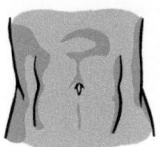

Popek

umbigo

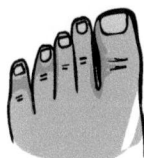

Prst na nogi

dedo do pé

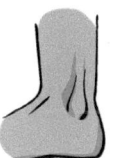

Peta

calcanhar

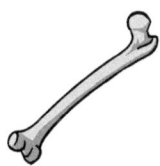

Kost

osso

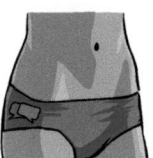

Kolk

anca

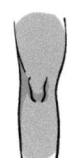

Koleno

joelho

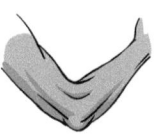

Komolec

cotovelo

Nos

nariz

Zadnjica

nádegas

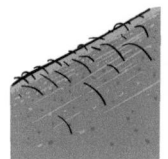

Koža

pele

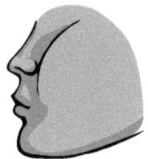

Lice

bochecha

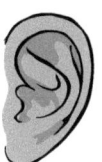

Uho

orelha

Ustnica

lábio

Usta

boca

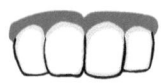

Zob

dente

Jezik

língua

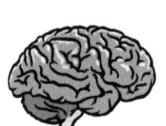

Možgani

cérebro

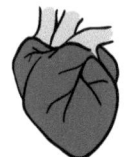

Srce

coração

Mišica

músculo

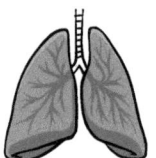

Pljuča

pulmão

Jetra

fígado

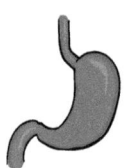

Želodec

estômago

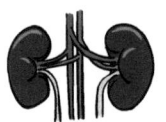

Ledvice

rins

Spolni odnos

relações sexuais

Kondom

preservativo

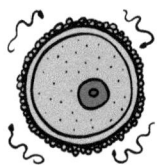

Jajčece

óvulo

Semenska tekočina

esperma

Nosečnost

gravidez

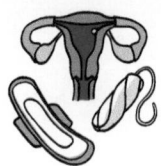

Menstruacija

menstruação

Vagina

vagina

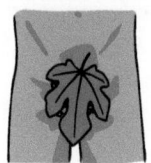

Penis

pénis

Obrv

sobrancelha

Lasje

cabelo

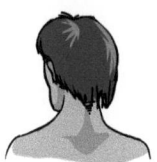

Vrat

pescoço

Bolnišnica
hospital

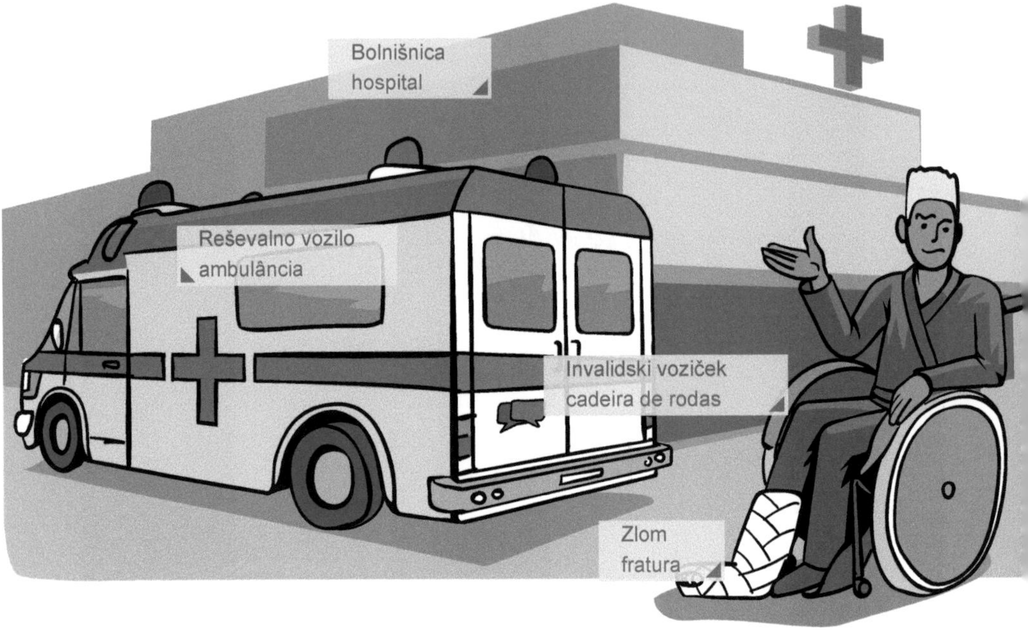

Bolnišnica
hospital
Reševalno vozilo
ambulância
Invalidski voziček
cadeira de rodas
Zlom
fratura

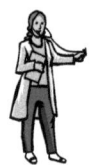

Zdravnik

médico

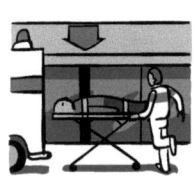

Urgenca

serviço de urgências

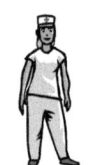

Medicinska sestra

enfermeira

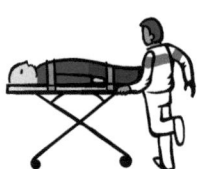

Nujni primer

emergência

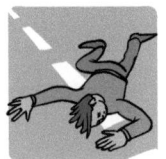

Nezavesten

inconsciente

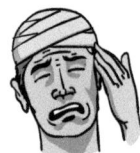

Bolečina

dor

Poškodba

ferimento

Krvavenje

hemorragia

Srčni infarkt

ataque cardíaco

Kap

acidente vascular cerebral

Alergija

alergia

Kašelj

tosse

Vročina

febre

Gripa

gripe

Driska

diarreia

Glavobol

dor de cabeça

Rak

cancro

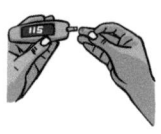

Sladkorna bolezen

diabetes

Kirurg

cirurgião

Skalpel

bisturi

Operacija

operação

CT
CT

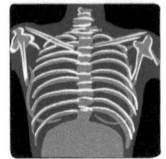

Rentgen
raio x

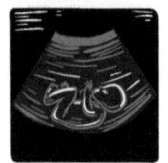

Ultrazvok
ultrassom

Obrazna maska
máscara

Bolezen
doença

Čakalnica
sala de espera

Bergla
muleta

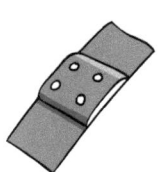

Obliž
penso rápido

Preveza
ligadura

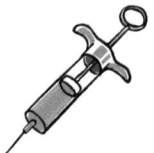

Injekcija
injeção

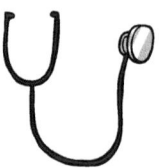

Stetoskop
estetoscópio

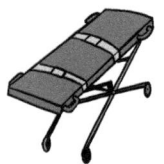

Nosila
maca

Klinični termometer
termómetro

Porod
nascimento

Prekomerna teža
excesso de peso

Slušni pripomoček

aparelho auditivo

Razkužilo

desinfetante

Okužba

infeção

Virus

vírus

HIV / AIDS

HIV / SIDA

Medicina

medicamento

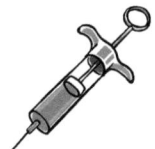

Cepljenje

vacinação

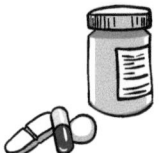

Tablete

comprimidos

Tableta

pílula

Klic v sili

chamada de emergência

Merilnik krvnega tlaka

dispositivo de medição de
pressão arterial

bolano / zdravo

doente / saudável

Na pomoč!

Socorro!

Alarm

alarme

Napad

assalto

Napad

ataque

Nevarnost

perigo

Izhod v sili

saída de emergência

Gori!

Fogo!

Gasilni aparat

extintor de incêndios

Nezgoda

acidente

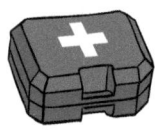

Komplet za prvo pomoč

estojo de primeiros socorros

SOS

SOS

Policija

polícia

Evropa

Europa

Severna Amerika

América do Norte

Južna Amerika

América do Sul

Afrika

África

Azija

Ásia

Avstralija

Austrália

Atlantski ocean

Atlântico

Tihi ocean

Pacífico

Indijski ocean

Oceano Índico

Južni ocean

Oceano Antártico

Arktični ocean

Oceano Ártico

Severni tečaj

Polo Norte

Južni tečaj

Polo Sul

Antarktika

Antártica

Zemlja

terra

Kopno

país

Morje

mar

Otok

ilha

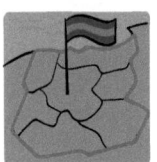

Narod

nação

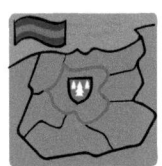

Država

estado

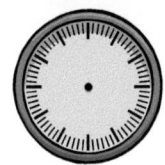

Številčnica

mostrador do relógio

Urni kazalec

ponteiro das horas

Minutni kazalec

ponteiro dos minutos

Sekundni kazalec

ponteiro dos segundos

Koliko je ura?

Que horas são?

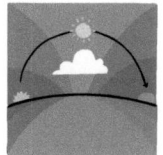

Dan

dia

Čas

tempo

Zdaj

agora

Digitalna ura

relógio digital

Minuta

minuto

Ura

hora

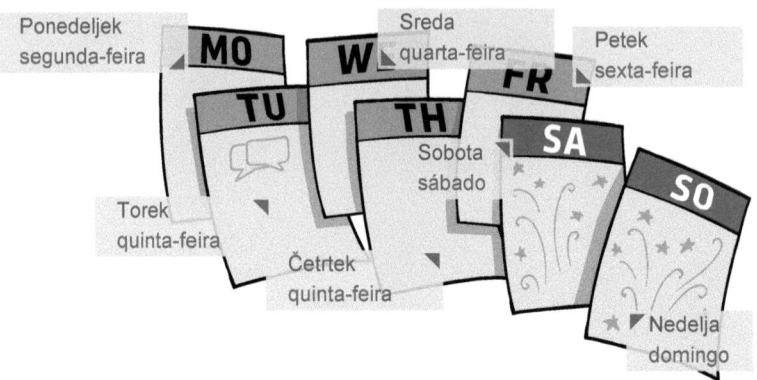

Ponedeljek
segunda-feira

Sreda
quarta-feira

Petek
sexta-feira

Torek
quinta-feira

Četrtek
quinta-feira

Sobota
sábado

Nedelja
domingo

Včeraj

ontem

Danes

hoje

Jutri

amanhã

Jutro

manhã

Poldne

meio-dia

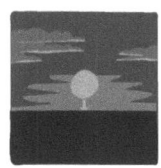

Večer

entardecer

MO	TU	WE	TH	FR	SA	SU
1	2	3	4	5	6	7
8	9	10	11	12	13	14
15	16	17	18	19	20	21
22	23	24	25	26	27	28
29	30	31	1	2	3	4

Delovni dnevi

dias úteis

MO	TU	WE	TH	FR	SA	SU
1	2	3	4	5	6	7
8	9	10	11	12	13	14
15	16	17	18	19	20	21
22	23	24	25	26	27	28
29	30	31	1	2	3	4

Konec tedna

fim de semana

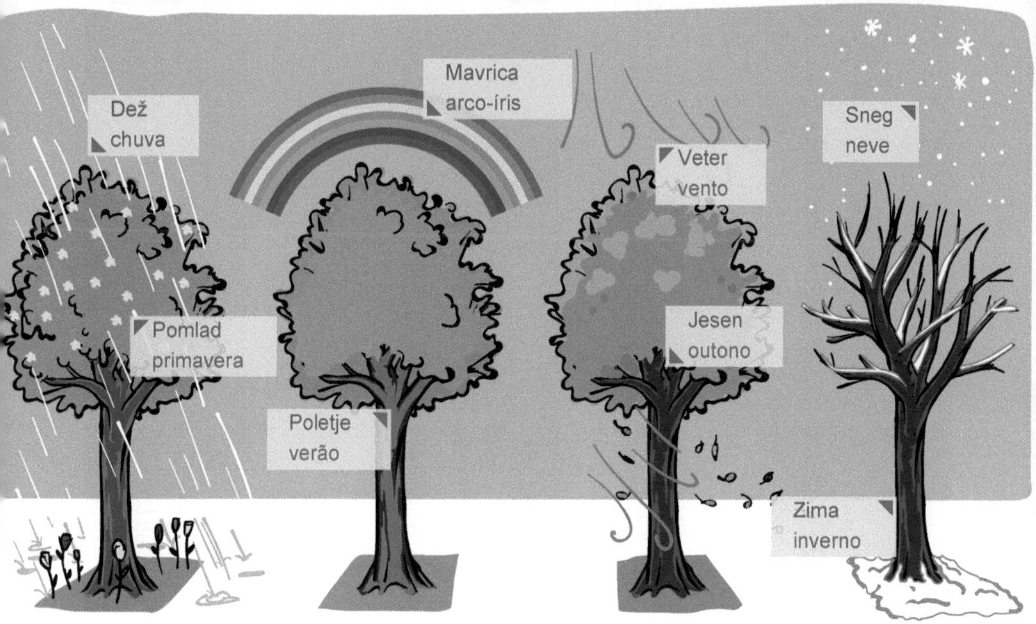

Dež
chuva
Mavrica
arco-íris
Sneg
neve
Veter
vento
Pomlad
primavera
Jesen
outono
Poletje
verão
Zima
inverno

4.APRIL 11°
5.APRIL 4°
6.APRIL 13°
7.APRIL 8°
8.APRIL 10°

Vremenska napoved
previsão do tempo

F C
120 40
90 30
60 20
30 10
0 0
-30 -10
-20

Termometer
termómetro

Sončna svetloba
raios de sol

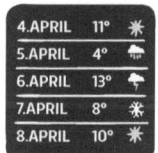

Oblak
nuvem

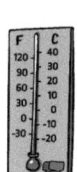

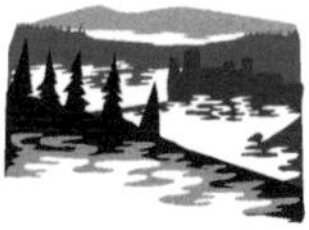

Megla
neblina / nevoeiro

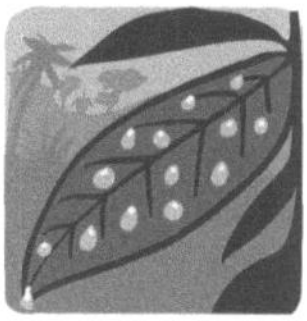

Vlažnost
humidade do ar

Strela

relâmpago

Grom

trovão

Nevihta

tempestade

Toča

granizo

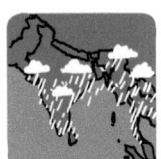

Monsun

monção

Poplava

inundação

Led

gelo

Januar

janeiro

Februar

fevereiro

Marec

março

April

abril

Maj

maio

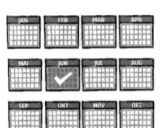

Junij

junho

Julij

julho

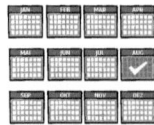

Avgust

agosto

September
setembro

Oktober
outubro

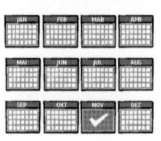

November
novembro

December
dezembro

Oblike
formas

Krogla
círculo

Kvadrat
quadrado

Pravokotnik
retângulo

Trikotnik
triângulo

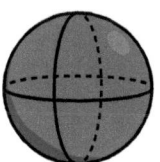

Krogla
esfera

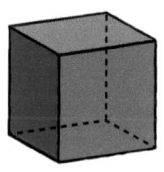

Kocka
cubo

Bela

branco

Rumena

amarelo

Oranžna

laranja

Rožnata

rosa

Rdeča

vermelho

Vijolična

lilás

Modra

azul

Zelena

verde

Rjava

castanho

Siva

cinzento

Črna

preto

veliko / malo

muito / pouco

jezno / umirjeno

furioso / calmo

lepo / grdo

lindo / feio

začetek / konec

princípio / fim

veliko / majhno

grande / pequeno

svetlo / temno

claro / escuro

brat / sestra

irmão / irmã

čisto / umazano

limpo / sujo

popolno / nepopolno

completo / incompleto

dan / noč

dia / noite

mrtvo / živo

morto / vivo

široko / ozko

largo / estreito

užitno / neužitno

comestível / não comestível

zlobno / prijazno

mau / gentil

vznemirjeno / zdolgočaseno

entusiasmado / entediado

debelo / vitko

gordo / magro

prvo / zadnje

primeiro / último

prijatelj / sovražnik

amigo / inimigo

polno / prazno

cheio / vazio

trdo / mehko

duro / macio

težko / lahko

pesado / leve

lakota / žeja

fome / sede

bolano / zdravo

doente / saudável

nezakonito / zakonito

ilegal / legal

pametno / neumno

inteligente / burro

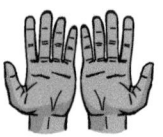

levo / desno

esquerda / direita

blizu / daleč

perto / longe

novo / rabljeno

novo / usado

nič / nekaj

nada / algo

staro / mlado

velho / jovem

vklopljeno / izklopljeno

ligado / desligado

odprto / zaprto

aberto / fechado

tiho / glasno

baixo / alto

bogato / revno

rico / pobre

prav / narobe

certo / errado

grobo / gladko

áspero / liso

žalostno / veselo

triste / feliz

kratko / dolgo

curto / longo

počasi / hitro

lento / rápido

mokro / suho

molhado / seco

toplo / hladno

ameno / fresco

vojna / mir

guerra / paz

0

Ničla

zero

1

Ena

um

2

Dva

dois

3

Tri

três

4

Štiri

quatro

5

Pet

cinco

6

Šest

seis

7

Sedem

sete

8

Osem

oito

9

Devet

nove

10

Deset

dez

11

Enajst

onze

12
Dvanajst
doze

13
Trinajst
treze

14
Štirinajst
catorze

15
Petnajst
quinze

16
Šestnajst
dezasseis

17
Sedemnajst
dezassete

18
Osemnajst
dezoito

19
Devetnajst
dezanove

20
Dvajset
vinte

100
Sto
cem

1.000
Tisoč
mil

1.000.000
Milijon
milhão

Jeziki
idiomas

Angleščina

inglês

Ameriška angleščina

inglês americano

Mandarinščina

chinês mandarim

Hindujščina

hindi

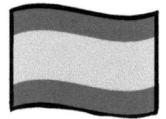

Španščina

espanhol

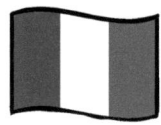

Francoščina

francês

Arabščina

árabe

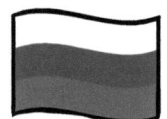

Ruščina

russo

Portugalščina

português

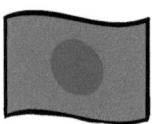

Bengalščina

bengalês

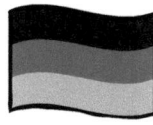

Nemščina

alemão

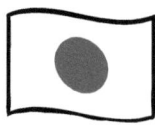

Japonščina

japonês

Jaz
eu

Ti
tu

On / ona / tisto
ele / ela

Mi
nós

Vi
vós

Oni
eles / elas

Kdo?
quem?

Kaj?
o quê?

Kako?
como?

Kje?
onde?

Kdaj?
quando?

Ime
nome

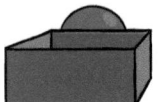

Zadaj

atrás

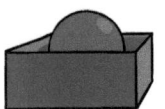

V

em

Pred

à frente de

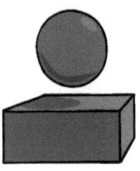

Nad

sobre

Na

em cima

Pod

debaixo

Poleg

ao lado

Med

entre

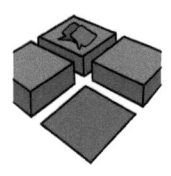

Kraj

lugar